ເຜິ້ງ

ໂດຍ ທິບພະກອນ ໄຊຍະສານ
ຮູບໂດຍ ກິອາດ ມູຊາ

Library For All Ltd.

ເຜິ້ງ

ພິມຄັ້ງທຳອິດ 2022

ຈັດພິມໂດຍ: ອົງການ Library For All
ອີເມວ: info@libraryforall.org
URL: libraryforall.org

ຮູບແຕ້ມຕົ້ນສະບັບໂດຍ ກິວາດ ມູຊາ

ເຜິ້ງ
ຫົບພະກອນ ໄຊຍະສານ
ISBN: 978-9932-00-435-5
SKU02467

ເຜິ້ງ

ເຜິ້ງມີສິເຫຼື້ອງກັບສິດຳ.

ເຜິ້ງມີຫ້າຕາ.

ເຜິ້ງມິທິກຂາ.

ເຜິ້ງເຮັດຮັງຢູ່ເທິງຕົ້ບໄມ້.

ເຜິ້ງຢູ່ນຳກັບເປັນຝູງ.

ເຜິ້ງບິນ ມີສຽງ ວິ!ວິ!

ເຜິ້ງຊ່ວຍປະສົມເກສອນດອກໄມ້.

ເຜິ້ງຊ່ອຍໃຫ້ດອກໄມ້ ບານ ແລະ
ຂະຫຍາຍເຕີບໃຫຍ່.

17

ເຜິ້ງຈະຕອມດອກໄມ້ 50 ທາ 100 ດອກ ຕ່ຫ້ຽວ.

ເຜິ້ງສຳຄັບສຳລັບດອກໄມ້.

ຂໍ້ມູນທາງບັນນາບຸໂລມຂອງທຳສະໝຸດແຫ່ງຊາດ

ທິບພະກອນ ໄຊຍະສານ
    ເຜີ້ງ / ໂດຍ ທິບພະກອນ ໄຊຍະສານ. -- ວຽງຈັນ, 2022
    21 ໜ້າ : ພາບປະກອບສີ ; 21 ຊມ
    1. ເຜີ້ງ
    I. ຊື່ເລື່ອງ
595.799 -- dc21
    ເລກທະບຽນພິມຈຳໜ່າຍ: 072 / ອພຈ19042022
    ISBN 978-9932-00-435-5

ເຈົ້າສາມາດໃຊ້ຄຳຖາມດັ່ງລຸ່ມນີ້ເພື່ອ ສືບທະບາກ່ຽວກັບເລື່ອງທີ່ອ່ານກັບ ຄອບຄົວ, ໝູ່ ແລະ ຄູອາຈານ.

ເຈົ້າໄດ້ຮຽນຮູ້ຫຍັງຈາກເລື່ອງນີ້?

ຈົ່ງອະທິບາຍເລື່ອງນີ້ ໂດຍໃຊ້ຄຳບັບຍາຍ
1ຄຳ. ຕະຫຼົກ? ຢ້ານ? ມິສິສັບ? ໜ້າສົນໃຈ?

ເມື່ອອ່ານຈົບແລ້ວ,
ເລື່ອງນີ້ໃຫ້ຄວາມຮູ້ສຶກຫຍັງແດ່?

ໃນເລື່ອງນີ້, ເຈົ້າມັກສ່ິງໃດຫຼາຍທີ່ສຸດ?

ກ່ຽວກັບຜູ້ປະກອບບ່ສອບ

ທິບພະກອບ ໄຊຍະສາບ ຈົບປະລິນຍາຕິບໍລິຫານທຸລະກິດ ສາຍວິຊາ
ການເງິນການທະນາຄານ, ຢູ່ຄະນະເສດຖະສາດ ແລະ ບໍລິຫານທຸລະກິດ,
ມະຫາວິທະຍາໄລແຫ່ງຊາດ, ປະເທດລາວ. ເຖິງວ່າ ທິບພະກອບ
ຈະບໍ່ໄດ້ຈົບສາຂາທີ່ກ່ຽວພັນກັບ ການຂຽນ
ແຕ່ມັກທີ່ຈະສະແດງຄວາມຄິດຄວາມເຫັນຜ່ານການຂຽນ. ນັກຂຽນໜຸ່ມນີ້
ມັກຂຽນເລື່ອງທາງດ້ານວິທະຍາສາດ, ວັດທະນາທຳ ຜ່ານສື່ສິ່ງພິມ ແລະ
ສື່ອອນໄລ ເພື່ອຊ່ວຍໃຫ້ຊາວໜຸ່ມ, ເດັກນ້ອຍ ແລະ ຜູ້ທີ່ມີຄວາມສົນໃຈ
ມີຄວາມເຂົ້າໃຈເລິກເຊິ່ງຂຶ້ນຕື່ມໃນທົວຂໍ້ເທື່ອານັ້ນ. ນອກຈາກນີ້,
ທິບພະກອບ ຍັງມີຄວາມສົນໃຈທາງດ້ານການອະນຸລັກ,
ການສົ່ງເສີມທາງດ້ານສຸຂະພາບ ແລະ ບັນຫາສັງຄົມຕ່າງໆ ອີກດ້ວຍ.

ປຶ້ມທົ່ວນີ້ມ່ອນບໍ່?

ພວກເຮົາມີປຶ້ມຫຼາຍຮ້ອຍຫົວໃຫ້ເລືອກອ່ານ.

ພວກເຮົາຮ່ວມມືກັບນັກຂຽນ, ຜູ່ງຊານດ້ານການສຶກສາ, ທີ່ປຶກສາທາງດ້ານວັດທະນະທຳ, ລັດຖະບານ ແລະ ອົງກອນທີ່ບໍ່ຂຶ້ນກັບລັດຖະບານ ເພື່ອບຳຄວາມເພີດເພີນ ໃນການ ອ່ານໃຫ້ກັບເດັກນ້ອຍຫົວທຸກແຫ່ງ.

ຮູ້ບໍ່?

ພວກເຮົາສ້າງການປ່ຽນແປງທີ່ດີໃນຊົງເຂດນີ້ ໂດຍປະຕິບັດ ເປົ້າໝາຍ ການພັດທະນາແບບຍືນຍົງຂອງສະຫະປະຊາຊາດ.

libraryforall.org